BEI GRIN MACHT SICH IHR WISSEN BEZAHLT

- Wir veröffentlichen Ihre Hausarbeit,
  Bachelor- und Masterarbeit

- Ihr eigenes eBook und Buch -
  weltweit in allen wichtigen Shops

- Verdienen Sie an jedem Verkauf

Jetzt bei www.GRIN.com hochladen und kostenlos publizieren

Bibliografische Information der Deutschen Nationalbibliothek:

Die Deutsche Bibliothek verzeichnet diese Publikation in der Deutschen National-
bibliografie; detaillierte bibliografische Daten sind im Internet über http://dnb.d-
nb.de/ abrufbar.

Impressum:

Copyright © 2009 GRIN Verlag, Open Publishing GmbH
Druck und Bindung: Books on Demand GmbH, Norderstedt Germany
ISBN: 9783668287990

Dieses Buch bei GRIN:

http://www.grin.com/de/e-book/264471/die-bedeutung-von-lebensweltorientierter-
sozialer-arbeit-fuer-das-handlungsfeld

Katrin Weidner

Die Bedeutung von lebensweltorientierter Sozialer Arbeit für das Handlungsfeld Frühförderung unter der Perspektive von gelingendem Leben

GRIN Verlag

GRIN - Your knowledge has value

Der GRIN Verlag publiziert seit 1998 wissenschaftliche Arbeiten von Studenten, Hochschullehrern und anderen Akademikern als eBook und gedrucktes Buch. Die Verlagswebsite www.grin.com ist die ideale Plattform zur Veröffentlichung von Hausarbeiten, Abschlussarbeiten, wissenschaftlichen Aufsätzen, Dissertationen und Fachbüchern.

Besuchen Sie uns im Internet:

http://www.grin.com/

http://www.facebook.com/grincom

http://www.twitter.com/grin_com

Inhaltsverzeichnis

1. Einleitung

Dieser Hausarbeit mit dem Thema *„Die Bedeutung von lebensweltorientierter Sozialer Arbeit für das Handlungsfeld Frühförderung unter der Perspektive von gelingendem Leben"* liegt die Frage zugrunde, welchen Nutzen die Soziale Arbeit in der Frühförderung hat und welchen Beitrag Frühförderung für ein gelingendes Leben leisten kann.

Zunächst wird das Praxisfeld Frühförderung dargestellt, dem folgt die Vorstellung der Adressaten und ihrer Lebenswelt. Des Weiteren werden die Aufgabenbereiche der Fachkräfte erläutert.

Schwerpunkt meiner Ausarbeitung liegt auf dem Punkt „Lebensweltorientierte Soziale Arbeit". Den lebensweltorientierten Ansatz werde ich im ersten Schritt erläutern und im zweiten auf das Berufsfeld der Frühförderung beziehen. Hierbei werden die Handlungsprinzipien der Frühförderung und die Maximen des Lebensweltansatzes einander gegenübergestellt. Durch diesen Vergleich soll die *„strukturelle Parallelität und Deckungsgleichheit"* offensichtlich gemacht werden.

Die Frage, wie Frühförderung als Hilfe zu einem besser gelingenden Leben beitragen kann und die Bedeutung von gelingendem Leben für dieses Handlungsfeld werden im Folgenden erläutert.

Im nächsten Punkt meiner Ausarbeitung werde ich den Wandel der Erziehung und des Klientel der Frühförderung beschreiben, um den Aspekt des Seminars „Sozialisation & Erziehung" zu berücksichtigen.

Wie sich Frühförderung unter den genannten Erkenntnissen rentiert wird im Fazit nochmals zusammengefasst. Dies führt zur Erkenntnis, dass dieses Berufsfeld auch für die Soziale Arbeit mit all ihren Kompetenzen, unverzichtbar ist.

Das Berufsfeld der Sozialen Arbeit in der Frühförderung wird im Folgenden unter dem Gesichtspunkt Lebensweltorientiertheit und gelingenden Lebens nachvollziehbar dargestellt. Durch eine systematische Recherche in unterschiedlichster Literatur werden vorhandene Erkenntnisse über Frühförderung und lebensweltorientierter Sozialer Arbeit zusammengestellt.

2. Praxisfeld Frühförderung

Die Frühförderung etablierte sich als ein besonderes Berufsfeld der Sozialen Arbeit im Laufe der 70er Jahre (Weiß, Neuhäuser, Sohns 2004).

Frühförderung ist grundsätzlich eine Leistung für Kinder ab der Geburt bis zum Schuleintritt, die in ihrer Entwicklung gefährdet oder verzögert sind, sowie für Kinder mit bereits diagnostizierter Behinderung.

Heute wird Frühförderung oft als „Komplexleistung" angeboten. Für Kinder, die zusätzlich therapeutische Leistungen, wie Ergotherapie, Physiotherapie oder Logopädie , neben der heilpädagogischen Frühförderung, benötigen.

Die Interdisziplinären Frühförderzentren sind nach der „Verordnung zur Früherkennung und Frühförderung" (FrühV) konzipiert als *„[...] familien- und wohnortnahe Dienste und Einrichtungen, die der Früherkennung, Behandlung und Förderung von Kindern dienen [...]"* (§3 FrühV). Das Leistungsangebot schließt auch stets die Begleitung und Unterstützung der Eltern und des Umfeldes mit ein.

Das interdisziplinäre Team ist zusammengesetzt aus *„medizinisch-therapeutischen und pädagogischen Fachkräften"*, versteht sich als präventive und unterstützende Anlaufstelle und niederschwelliges Hilfsangebot, welches stets unter Einbeziehung der Familie und des Umfeldes des Kindes arbeitet. So soll an den entwicklungsförderlichen Ressourcen der Lebenswelt angesetzt und die Potenziale des Kindes im psychischen, kognitiven, emotionalen Entwicklungsbereich unterstützt werden (Weiß et al., 2004).

Ziel ist es Entwicklungspotentiale sowie Kompetenzen von Kind, Familie und Umfeld im Sinne des Autonomieprinzips zu entfalten und zu stärken und *„[...] eine drohende oder bereits eingetretene Behinderung zum frühestmöglichen Zeitpunkt zu erkennen und die Behinderung durch gezielte Förder- und Behandlungsmaßnahmen auszugleichen oder zu mildern"* (ebenda/ §3 FrühV).

Strukturell organisiert sich Frühförderung zum einen in *ambulanter* Förderung in interdisziplinären Frühförderzentren oder heilpädagogischen Praxen. Hier kommen die Kinder in der Regel einmal in der Woche für 60 Minuten in die Einrichtung. Die Art, Dauer und der Umfang der Fördereinheiten richtet sich stets nach den Bedürfnissen des Kindes und dessen Familie.

Die *mobile* Frühförderung oder der Hausbesuch macht es möglich, die Förderung der Kinder und die Beratung der Eltern unmittelbar innerhalb der Lebenswelt und des Umfeldes dieser zu leisten (Klein, 2004/ Weiß et al., 2004).

2.1 Zielgruppen und Lebenswelten der Klienten

Quantitativ und qualitativ hat sich die Zielgruppe, an welche sich Frühförderung richtet, verändert. Die Anzahl der zu fördernden Kinder hat stark zugenommen und *„ [..] Erscheinungsbilder, Entwicklungsprobleme und Förderbedürfnisse sind erheblich vielfältiger geworden"* (Weiß et al., 2004, 57).

So richtet Frühförderung seine Aufmerksamkeit in erster Linie auf das „entwicklungsverzögerte Kind", beispielsweise auf Frühgeborene, chronisch kranke Kinder sowie Kinder mit Behinderung und Entwicklungsrisiken, Kinder mit Problemen im Bereich Sprache, Motorik, Kognition, Emotion, Wahrnehmung oder Verhaltensauffälligkeiten, Kinder aus sozial benachteiligten Familien; welche zum Beispiel soziale Isolation erfahren haben.

Zum anderen sind es die Eltern, Pflegeeltern, die Familie und sonstige Bezugspersonen des Kindes, die Hilfe und Unterstützung benötigen oder welche unsicher in Fragen zur differentiellen Entwicklung ihres, beziehungsweise dem ihnen anvertrauten Kind, sind (*Thurmair; Naggl 2003/ Weiß et al 2004*).

Da Entwicklungsstörungen immer im Zusammenhang zwischen organischen und umweltabhängigen Faktoren gesehen werden sollen, darf die Umwelt des Kindes, also ihr *„lebensweltlicher Hintergrund"* nicht ausgeblendet werden. Zudem kann das alltägliche Umfeld Chancen bieten und positiven Einfluss auf die Entwicklung des Kindes nehmen (Klein, 2007 /Weiß et al., 2004).

2.2 Aufgaben der Frühförderung

Die Ansprüche der Frühförderung umfassen einen weiten Bereich an Angeboten, dazu gehören unter anderem:

- Präventive Maßnahmen und Früherkennung

- Diagnostik und Förder- bzw. Behandlungsplanerstellung

4

-   Förderung und Behandlung

-   Begleitung und Beratung der Bezugspersonen

-   Kooperation und Netzwerkarbeit

(Weiß et al., 2004, 81)

Diese Tätigkeiten werden von den Fachkräften in diesem Berufsfeld eigenverantwort-lich geplant und durchgeführt, oder gegebenenfalls im Team besprochen.

Die Koordination der Angebote und Förderstunden für die einzelnen Kinder ist eben-falls eigenständig.

Wie in den Förderstunden benötigt der Sozialarbeiter auch in Bezug auf Beratung und Begleitung der Eltern bzw. Bezugspersonen, hohe Fachliche Kompetenzen. Die päda-gogischen Fachkräfte haben zudem vertiefte Kenntnisse von Bindungs- und Entwick-lungstheorien, sowie sozialrechtlicher Grundlagen. Im besonderen Maße sind auch Kompetenzen in der kreativen Gestaltung von Förderstunden und Anregungen für das Kind gefragt, insbesondere in der Beobachtung, Analyse und Bewertung des kindlichen Spiels (VIFF e.V., 2002).

3. Lebensweltorientierte Soziale Arbeit

Der Ansatz der Lebensweltorientierung gibt der zeitgemäßen Sozialen Arbeit ein Hand-lungskonzept. Dadurch weitet sich ihr Aufgabengebiet zum einen auf heutige risikorei-che Lebenswelten aus.

Den Adressaten wird Bewältigungskompetenz ihren den ihnen vorgegebenen und selbstverständlichen Lebensverhältnissen zugesprochen, Lebensweltorientierte Sozia-le Arbeit zielt daher „[...] auf Hilfe zur Selbsthilfe, auf Empowerment." (Grunwald; Thiersch 2004, 34).

Zum anderen ist sie „[...] ein Zugang, Soziale Gerechtigkeit in den neuen sozialpoliti-schen Aufgaben der Hilfen und Unterstützung in den heutigen lebensweltlichen Bedin-gungen zu realisieren" (Grunwald; Thiersch 2004, 16). Sie soll sich im Sinne der Ad-ressaten offensiv in Sozialpolitik einmischen, um so deren Interessen zu vertreten (Schilling; Zeller 2008).

Im Hintergrund dieses Konzeptes agiert Soziale Arbeit unterstützend, anregend und beratend in der Lebenswelt der Adressaten, um gemeinsam mit ihm einen gelingenderen Alltag zu konstruieren.

Soziale Arbeit soll verlässliche Bezüge herstellen, um die heutzutage zunehmend komplizierte und anforderungsreiche, teils überfordernde Lebenswelt wieder gestaltbar zu machen und neue Gestaltungsräume zu schaffen (Thiersch 2004/ Schilling; Zeller 2008).

Nach den Handlungsmaximen der Lebensweltorientierung soll Soziale Arbeit zunächst ein präventives, vorausschauendes Hilfeangebot sein. Sie muss also allgemeine Lebensführungskompetenzen stabilisieren und fördern und Situationen erkennen, die sich erfahrungsgemäß als belastend herausstellen (Schilling; Zeller 2008).

Ambulante Maßnahmen und Leistungen sollen daher begleitend und unterstützend im Alltag der Klienten regional erreichbar und präsent in der Lebenswelt sein. Sie zeichnen sich als niederschwellige Hilfsangebote vor Ort aus, welche für die Adressaten als leicht zugänglich gelten und ein generelles Angebot für alle Menschen darstellen.

Lebensweltorientierte Soziale Arbeit zielt darauf ab, *„dass Menschen sich als Subjekte ihres eigenen Lebens erfahren"* daher *„ ist Partizipation eines ihrer konstitutiven Momente"* (Schilling;Zeller 2008, 191f), welche einher geht mit der Freiwilligkeits-, Selbsthilfe- und Mitbestimmungskomponente (Schilling; Zeller 2008).

3.1 Lebensweltansatz in der Frühförderung

„Frühförderung im gegenwärtigen Verständnis ist ein Hilfeangebot für Säuglinge und Kleinkinder, die behindert oder von einer Behinderung bedroht sind." (Klein 2004, 281).

Sie setzt innerhalb der Lebenswelt des entwicklungsgefährdeten Kindes und dessen Familie und gegebenenfalls auch außerhalb dieses primären Bezugssystems an, zum Beispiel in Kindergärten und Krippen (Weiß et al. 2004).

Die Begleitung der Bezugspersonen soll in der Regel einen ergänzendes und unterstützendes Hilfsangebot für die elterliche Erziehungs- und Pflegetätigkeit sein. *„Bei vielen Kindern, die Frühförderung bekommen sind diese Voraussetzungen aber nicht gegeben."* (Klein 2004, 283).

Notwendig ist daher, dass Frühförderung in der Lebenswelt des Kindes und seiner Umwelt ansetzt, unabhängig davon, ob sie in ambulanter oder mobiler Form praktiziert wird. Um dem Vorwurf zu entgehen, dass die Kinder isoliert von diesen gegebenen Lebensumständen betrachtet werden, darf und kann Frühförderung sich der realen Lebenswelt nicht entziehen (Weiß et al. 2004).

Auch aus der Erkenntnis, *„[...] dass die Anregungen aus dem alltäglichen Lebensumfeld eines Kindes[...]"* (Weiß et al. 2004, 17) wesentlichen Einfluss auf dessen Entwicklung haben, sind Lebenswelt-, Familien- und Ressourcenorientiertes Handeln aus der Frühförderung nicht mehr wegzudenken (ebenda).

Ziel ist es Entwicklungspotentiale sowie Kompetenzen von Kind, Familie und Umfeld im Sinne des Autonomieprinzips zu entfalten und *„ [...] Eigenverantwortung für ihr Handeln nicht durch Experten zu nehmen[...]"* (Weiß et al. 2004, 17), sondern die Entwicklungsressourcen und Autonomiepotentiale von Kind, Eltern und Umfeld zu stärken.

Frühförderung strebt stets danach, die entwicklungsförderlichen Ressourcen des Kindes durch die bestmöglichen Voraussetzungen des Umfeldes zu aktivieren.

Dennoch wird die Autonomie der Familie dabei, eine „verbesserte" Lebenswelt oder Lebenslage zu verlangen, nicht außer Acht gelassen. Denn sie *„bemüht sich darum, [...] den Blick auf die gesamte Familie und deren Wohlbefinden [...] "* (Weiß et al. 2004,112) zu richten. Wenn dieser Kontext nicht mit einbezogen wird, würde schlicht ein bedeutender Teil der konkreten (Lebens-) Wirklichkeit verloren gehen (Thurmair; Naagl 2003).

Frühförderung hat auch den Anspruch präventiv zu sein: sie vermag daher risikoreiche Lebensbedingungen frühzeitig zu erkennen, bevor die Entwicklung der Kinder auf Dauer geschädigt wird, sowie eine zu erwartende Beeinträchtigung der Teilhabe am gesellschaftlichen Leben (im Sinne des §35a SGB VIII) abzuwenden.

3.2 Handlungsprinzipien der Frühförderung und die Maximen des Lebensweltansatzes

Die Handlungsmaximen der lebensweltorientierten Soziale Arbeit, nach Thiersch, decken sich weitgehend mit denen der Frühförderung (Weiß et al. 2004):

- Prävention: Frühförderung „ *[...] soll die deprivierenden und risikoreichen Lebensbedingungen frühzeitig erkennen[...]* ", bevor die Entwicklung der Kinder auf Dauer geschädigt wird. Vorbeugende Arbeit bedeutet auch, dass Entwicklungsressourcen gestärkt und weitere Schädigungen oder Entwicklungsverzögernde Bedingungen verhindert werden sollen (Klein 2004, 287).

Auch verstanden „*[...] als Versuch des vorausschauenden Handelns in Situationen besonderer Überforderung und Belastung [...]* " (Weiß et al 2004, 158).

- Regionalisierung und Dezentralisierung soll erlauben, „*[...] dass für jedes Kind und seine Familie in etwa gleiche Chancen im Zugang zum System der Frühförderung bestehen[...]* " (Klein 2004, 289 zitiert: Sozialministerium Baden Württemberg 1998, 20). Sie zeichnet sich durch seine Niederschwelligkeit, realisiert durch offene Anlaufstellen, für Beratung der Eltern und Sorgeberechtigten sowie Angehörigen aus.

- Die Alltagsnähe schließt dort an und meint, die Zusammenarbeit und Einbindung der Familie und der Umwelt des Kindes und die Möglichkeit der Förderung innerhalb der konkreten Lebenswelt des Kindes und dessen Bezugspersonen (Klein 2004/ Weiß et al. 2004).

Des weiteren ist hier erneut die Organisationsform der mobilen Frühförderung erwähnenswert, denn sie ermöglicht Förderung, Begleitung und Beratung unmittelbar in der Lebenswelt des Kindes und somit optimale Hilfen für die Lebenssituation (Klein 2004).

Zudem müssen Hilfsangebote der Frühförderung stets in die Lebenswelt integriert sein, um langfristig wirksam sein zu können.

- Integration, die vierte Maxime der lebensweltorientierten Sozialen Arbeit erfährt auch Bedeutsamkeit in den Zielsetzungen der Frühförderung (Klein 2004). Sie ist ein offenes Beratungsangebot für alle die sich um die Entwicklung ihres Kindes sorgen machen oder unsicher sind. Frühförderung kann sich auch an Menschen die sich in (noch) unbelasteten Umständen befinden richten, welche das Angebot als „Normalangebot" wahrnehmen (Weiß et al 2004/ Schilling; Zeller 2008).

Zudem ist Integration einer der Leitbegriffe der Frühförderung, denn: „*Überwindung der Isolation behinderter Kinder und ihrer Familien , Einbindung in das soziale Umfeld und in die Gesellschaft sind wesentliche Ziele der Frühförderung.*"(Klein 2004, 290).

- Partizipation, ist im Sinne freiwilliger *„partnerschaftlicher Zusammenarbeit"* zwischen Fachkraft und Eltern, mit besonderem Blick auf die Orientierung zur Selbsthilfe und Mitbestimmung dieser zu verstehen (Weiß et al.2004/ Klein 2004).

4. Frühförderung als Chance zu einem besser gelingenden Leben

So wie in allen Lebensaltern des Menschen können sich Herausforderungen und Probleme auch im Säuglings- oder Kindergartenalter wiederfinden; zum Beispiel dann, wenn ein Kind in seiner Entwicklung gefährdet oder mit einer Behinderung geboren wurde (Weiß et al. 2004).

Mit den *„[...] Möglichkeiten und Hoffnungen auf gelingendere Verhältnisse[...] "* (Thiersch et al. 2002, 170), kann das gemeinsame Ziel der Familie und Fachkraft zum Beispiel das Schaffen der Voraussetzungen für einen *„gelingenderen Alltag"* oder das Stiften oder Offenlegen von entwicklungsförderlicher Ressourcen darstellen (Weiß et al. 2004).

Voraussetzung dafür ist, dass *„[...] die Fachperson die Alltagswirklichkeit dieser Familie mit ihren konkreten Belastungen"* kennt, und *„dabei aber die reflexive Distanz zu wahren sucht [...]", „[...] damit die Komplexität gegebener Alltagsprobleme auch strukturiert werden kann [...]* (Weiß et al 2004,159 zitiert Thiersch 1986).

Als Leitperspektive Sozialer Arbeit soll „gelingendes Leben" oder gelingenderer Alltag stets *„[...] im Verhältnis zu den vorfindbaren konkreten Lebensbedingungen und den darin mobilisierbaren Ressourcen[...]* (Wahl, 30) der Adressaten stehen.

Dabei ist es die Aufgabe Sozialer Arbeit die Adressaten darin zu unterstützen dies in Selbstbestimmung zu erreichen. Zudem soll sie versuchen *„[...] Spielräume zu schaffen, zu erhalten bzw. zu gewinnen und so Chancen auf gelingendere Arbeit, gelingendere Interaktion, gelingenderes Spiel und gelingendere Betrachtung zu eröffnen"* (ebenda,30).

Die Vorstellungen von *„gelingendem Leben"* können seitens des Sozialarbeiters und des Adressaten unterschiedlich sein.

Nach Wolfgang Wahl ist das gemeinsame Interesse, das Bestreben etwas in positive Richtung verändern zu wollen. Im Hilfeprozesses steht dieses im Mittelpunkt der Interaktion.

Geschaffen oder erhalten werden müssen verlässliche soziale, ökonomische, materielle, persönliche Rahmenbedingungen etc. sowie Selbstbestimmungskompetenzen, damit der Adressat sein Leben selbst bewältigen kann. Um dies zu erreichen bietet Soziale Arbeit Unterstützung und Hilfe dies gemeinsam mit den Adressaten zu erarbeiten.

Im Berufsfeld der Frühförderung geht es zum einen darum, Schädigungen einer folgenden Behinderungen abzuwenden, dabei ist der Blick auf Lebenswelt und -führung, Alltag, Umwelt und zukünftige Lebensperspektive gerichtet, um den Weg zum gelingenderen Leben zu öffnen (vgl. Wahl ;Mühlum 2002, 10).

Der Säugling und das Kleinkind sind in erster Linie abhängig von ihren Bezugspersonen und ihrer Umwelt in welche sie hineingeboren sind.

Frühförderung soll Kindern mit Behinderung und Entwicklungsverzögerung Ressourcen für ein gelingendes Leben zugänglich machen oder aktivieren, indem sie ihnen besondere Zuwendung und Förderung bieten. Sie vermag so Entwicklungspotentiale und -chancen zu öffnen, um vor allem den Kindern, aber auch den Familien, Kompetenzen zu einem selbstbestimmten und gelingenderen Alltag und Leben zu stiften.

Zum anderen soll sie den Bezugspersonen dieser, unterstützend und beratend zur Seite stehen.

Durch frühe Förderung von beeinträchtigten Säuglingen können bleibende Schädigungen, die zum Beispiel aus Fehlhaltungen entstehen, in kurzer Zeit behoben werden. Dies ermöglicht dem Kind bessere Chancen für eine gesunde Entwicklung und Zukunft, sowie Teilhabe an der Gesellschaft (Loose 2005).

5. Wandel der Erziehung und des Klientel der Frühförderung

„Unsere Welt wird immer komplizierter, immer bewegungsunfreundlicher, immer entsinnlicher" (Murphy-Witt 2000,4f). Fernsehen und Computer nehmen den Kindern in unserer heutigen Welt oft die Möglichkeit Sinneseindrücke am eigenen Körper zu erfahren. Dies hat zur Folge, dass die Basissinne „Spürsinn", „Gleichgewichtssinn" und Eigenwahrnehmung sich nicht herausbilden können. Da Anregungen fehlen oder die Sinne zu vielen Reizen ausgesetzt sind, können Verhaltensauffälligkeiten oder Wahrnehmungsstörungen die Folge sein (Murphy- Witt 2004).

Laut des Berufsverbandes der Ärzte für Kinder und Jugendpsychiatrie gelten in Deutschland circa eine Millionen Kinder, sowie Jugendliche, als entwicklungsverzögert oder sogar psychisch krank. Bereits ein Viertel der Kindergartenkinder gilt heute als verhaltensauffällig, hyperaktiv oder haben Probleme mit der Koordination ihres Körpers, auch die Zahl von Kindern mit emotionalen Problemen steigt (ebenda).

„Viele Kinder werden mit solchen Problemen geboren. Anderen jedoch werden [wie oben beschrieben] *ihre Lebensbedingungen zum Verhängnis" (Murphy-Witte 2000, 4).*

Frühförderung muss hier präventiv ansetzten und auch *„Anzeichen der Vernachlässigung und deprivierender Lebensbedingungen müssen erkannt werden, ehe die Entwicklung der Kinder dadurch auf Dauer geschädigt wird"* (Klein 2004, 287).

Die Risiken, welche durch Lebens- und Erziehungsbedingungen im Lebenskontext der Kinder vorhanden sind, müssen daher frühzeitig erkannt werden (Klein 2004).

Zudem werden die Eltern, mit eigenen Problemen wie Arbeitslosigkeit und Partnerschaftskonflikten vorbelastet, durch die Medien mit Erziehungstipps und Informationen regelrecht überfordert und verunsichert. Sie geraten unter Druck in der Erziehung ihres Kindes alles richtig zu machen.

Dabei vergessen sie, dass das Bedeutende für die frühe kindliche Entwicklung vor allem eine sichere Bindung, Befriedigung der Abhängigkeitsbedürfnisse und Verlässlichkeit, sowie emotionale und zärtliche Zuwendung sind (Hoffmann; Hochapfel 2004).

Hierzu abschließend ein Kommentar einer Frühförderin: *„Im Moment müssen wir uns von einigen Eltern an einer Heldin unserer Zeit, der »Super Nanny« messen lassen. Wöchentlich wird den Eltern im Fernsehen vorgeführt, wie sich über und Regeln neue Bedingungen für das Familienleben ergeben. Für einige Eltern stellen sich dadurch Fragen an uns, die Ausgangspunkt für Gespräche und ein anfängliches Bewusstsein für Erziehungsaufgaben und Verantwortungsübernahme sein können"* (Cernota; Lohmann-Richter 2006).

6. Fazit

Frühförderung ist als ein Berufsfeld der Sozialen Arbeit nicht mehr wegzudenken. Ausschlaggebend dafür kann zum einen die Deckungsgleichheit der Ziele und Handlungsprinzipien der Frühforderung mit dem Ansatz der Lebensweltorientierten Sozialen Arbeit sein.

Der Sozialen Arbeit in der Frühförderung wird so ein zeitgemäßes und von der Sozialen Arbeit weit vertretenes Arbeitskonzept gegeben und die Möglichkeit geboten ihre Zuständigkeit auf dieses Berufsfeld und Klientel auszuweiten.

Zudem bereichert sie das interdisziplinäre Team der Frühförderung um vertiefte Kenntnisse von sozialen Netzwerken, sozialrechtliche Grundlagen, Bindungs- und Entwicklungstheorien, pädagogische Eingangs- und Begleitdiagnostik, professionelles pädagogisches Handeln, Schaffen von entwicklungsförderlichen Anregungen durch pädagogische Mittel, Begleitung und Unterstützung der Familie in Sachen der Erziehung und Versorgung des Kindes sowie andere disziplinäre Kompetenzen.

Meines Erachtens ist dieses Berufsfeld überhaupt und auch als Praxisfeld für die Soziale Arbeit von grundlegender Bedeutung, da sie durch das vertiefte Wissen um Beratung und Begleitung von Eltern und Bezugspersonen zu einem gelingenderen Leben beitragen kann.

Erreicht werden kann dies zum Beispiel, indem die Bezugspersonen des Kindes eine „bejahende Einstellung" zu ihrem Kind bekommen, oder in dieser weiter unterstützt werden.

So werden sie professionell begleitet, um ihrem oder dem ihnen anvertrauten Kind, unabhängig von den besonderen gegebenen Umständen, Sicherheit, emotionale Zuwendung sowie Verlässlichkeit zu bieten und dem Kind dadurch bestmögliche Entwicklungschancen in ihrem Umfeld zu schaffen.

Ein besonderes Maß an Aufmerksamkeit, Förderung und Begleitung dieser Zielgruppen sei besonders bedeutsam, da heute bereits ein Viertel der Kindergartenkinder als verhaltensauffällig oder entwicklungsverzögert gilt, daher ist es dringend notwendig vorausschauend zu handeln, um dem gemeinsamen Anspruch der Frühförderung und Sozialen Arbeit, präventiv zu arbeiten, gerecht zu werden.

Abschließend füge ich dem noch hinzu, dass Frühförderung dazu beitragen soll Erfahrungsräume zu schaffen oder zu aktivieren, um so elementare Erfahrungen und Erlebnisse in den Lebensräumen der Kinder zu erweitern oder überhaupt erst zu ermöglichen. Frühe Förderung bedeutet die Entwicklung von Kompetenzen für ein gelingenderes Leben für das beeinträchtigte Kind aber auch dessen soziales Umfeld.

7. Literatur- und Quellennachweise

CERNOTA, Dorothea; LOHMANN-RICHTER, Elisabeth (2006): In: Frühförderung: Start ins Leben. „Schmetter? Schmetter?" – „-ling! -ling!". [Format PDF, Adresse: http://www.verband-anthro.de/media/file/5.PuK_Michaeli_2006.pdf]
Verband für anthroposophische Heilpädagogik, Sozialtherapie und soziale Arbeit e.V.

GRUNWALD, Klaus; THIERSCH, Hans (Hrsg.) (2004): In: Praxis Lebensweltorientierter Sozialer Arbeit. Juventa Verlag.

HOFFMANN, Sven Olaf; HOCHAPFEL, Gerd(Hrsg.) (2004):In: Neurotische Störungen und Psychosomatische. 7. Auflage Schattauer Verlag.

MURPHY-WITT, Monika (2000): In: Spielerisch im Gleichgewicht. 5. Auflage. Christopherus Verlag.

THURMAIR, Martin; NAGGL, Monika (2003): In: Praxis der Frühförderung München/Basel. UTB Reinhardt.

THIERSCH, Hans; GRUNWALD, Klaus; KÖNGETER, Stefan (2005): In: Grundriss Soziale Arbeit: Ein einführendes Handbuch. 2. Auflage. Werner Thole (Hrsg.).VS Verlag.

LOOSE, Antje-Catrin (2005): In: Therapie und Förderkonzepte für Säugling, Kinder und Jugendliche, Pflaum Verlag.

Vereinigung für interdisziplinäre Frühförderung (VIFF e.V) (2002): [Format PDF http://www.fruehfoerderung-viff.de/media/pdf/Qualifikation.pdf] Datum: 10.05.2009.

WAHL, Wolfgang: Gelingendes Leben als Leitperspektive Sozialer Arbeit?

WEIß, Hans; NEUHÄUSER, Gerhard; SOHNS, Armin (2004): In: Soziale Arbeit in der Frühförderung und Sozialpädiatrie, Ernst Reinhardt Verlag.

BEI GRIN MACHT SICH IHR WISSEN BEZAHLT

- Wir veröffentlichen Ihre Hausarbeit,
  Bachelor- und Masterarbeit

- Ihr eigenes eBook und Buch -
  weltweit in allen wichtigen Shops

- Verdienen Sie an jedem Verkauf

Jetzt bei www.GRIN.com hochladen und kostenlos publizieren